PETIT
ALPHABET

DE LA JEUNESSE

Illustré d'un grand nombre de gravures

PARIS

GUÉRIN-MULLER ET Cie, ÉDITEURS

3, RUE DU GRAND-CHANTIER, 3

A B C D E F
G H I J K L M
N O P Q R S
T U V X Y Z
W Æ OE Ç
É È Ê
1 2 3 4 5 6 7 8 9 0

MINUSCULES.

a b c d e f g h i j
k l m n o p q r s
t u v x y z

*a b c d e f g h i j
k l m n o p q r s
t u v x y z*

VOYELLES.

a e i o u y

CONSONNES.

b c d f g h j k l m n p
q r s t v x z

SYLLABES.

ba	be	bi	bo	bu
ca	ce	ci	co	cu
da	de	di	do	du
fa	fe	fi	fo	fu
ga	ge	gi	go	gu
ha	he	hi	ho	hu
ja	je	ji	jo	ju
ka	ke	ki	ko	ku
la	le	li	lo	lu

SYLLABES.

ma	me	mi	mo	mu
na	ne	ni	no	nu
pa	pe	pi	po	pu
ra	re	ri	ro	ru
sa	se	si	so	su
ta	te	ti	to	tu
va	ve	vi	vo	vu
xa	xe	xi	xo	xu
za	ze	zi	zo	zu

MOTS DE DEUX SYLLABES.

Pa pa, Ma man, Tam bour, Ca non, Cha peau, Mar teau, Rai sin, Gâ teau, Ba teau, Che val, Chan son, Do do, Tra vail, Pou let, Bon heur, Mon naie, Dra gée, A mi, Man chon, Far deau, Tê tu, Du vet, Pou pée, Lu tin, Ca deau, Gour mand, Crapaud, Va leur, Cor deau, En fant, In grat, Ai rain, Pi lon, Na tion, Mai son, Ob jet, Ri val, Ram pant, Lun di, Ai mant, Hé raut.

MOTS DE TROIS SYLLABES.

Im mor tel, Ma ré chal, Par ti san, Im par fait, In fi ni, Ran cu nier, Tes ta ment, Cor bil lard, Pi lo tis, Ven dre di, Mi ne rai, Quar te ron, Fa vo ri, So pra no, En chan teur, Dé ses poir, Lé ga tion, Phar ma cien, Hô te lier, Va po reux, Po ti ron, Cha pe let, Il let tré, Nu mé ro, Na tu rel, Im pu ni, Lu nai son, Dé ci sif, Ma la droit, Sou te nir, Pé ti tion, Tom bo la, Pi co tin.

PAPILLON.

Insecte très-connu qui se fait remarquer par sa forme et les variétés de ses couleurs.

MÉSANGE à longue queue que l'on trouve en été dans les bois.

CANARD sauvage, cet oiseau habite les lieux marécageux.

MARTIN-PÊCHEUR, il est remarquable par la beauté de son plumage.

EPIMAQUE, il est gros comme le geai et habite la Nouvelle-Galles.

ÉLÉPHANT.

Cet animal est le plus gros des mammifères; il est d'une force prodigieuse, aussi les naturels l'emploient-ils comme bête de somme.

BARGE, oiseau de la taille de la bécasse, il habite les marais salés.

PERDRIX, recherchée des gourmets à cause de sa chair délicate.

PAPILLON.

Les papillons diurnes ou papillons de jour sont les plus nombreux et les plus variés. La nature les a enrichis à l'infini de tons et de couleurs.

OIE, oiseau aquatique que l'on rencontre par troupes en hiver.

FLAMMANT, oiseau de la famille des échassiers vit dans les marais.

L'HIPPOPOTAME est un des animaux les plus sauvages que l'on connaisse; on le rencontre au Sénégal ou au cap de Bonne-Espérance.

COLIBRI ou oiseau du paradis, ainsi nommé à cause de sa taille et la beauté de son plumage.

MOINEAU, bien connu de la jeunesse; il habite nos promenades et se prive facilement.

Cet insecte subit plusieurs transformations. La chenille vient d'œufs qui éclosent au printemps, la chenille produit une chrysalide, et cette chrysalide se transforme en papillon.

ÉLAN. Cet animal est très-fort et devient aussi gros que le cheval.

RENNE, il est d'une grande ressource aux habitants de la Laponie.

RHINOCÉROS.

Le Rhinocéros vit solitaire dans les bois marécageux ; il se nourrit de végétaux et de jeunes pousses d'arbustes dont il est friand.

GRIVE. Cet oiseau habite la lisière des bois, se nourrit d'insectes et de vers, mais principalement de baies dont est très-friand.

VAUTOUR. Oiseau de proie se nourrissant de charognes; on le rencontre dans les Alpes et les Pyrénées où il vit avec sa femelle.

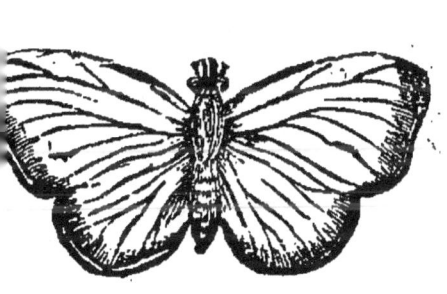 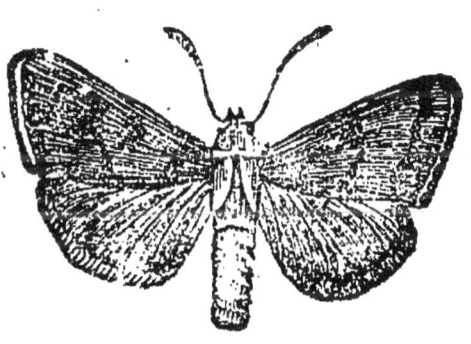

PAPILLONS.

Les papillons se divisent en deux genres : les diurnes ou papillons de jour, et les nocturnes ou papillons de nuit. Les espèces sont très-variées.

POISSONS DE MER.

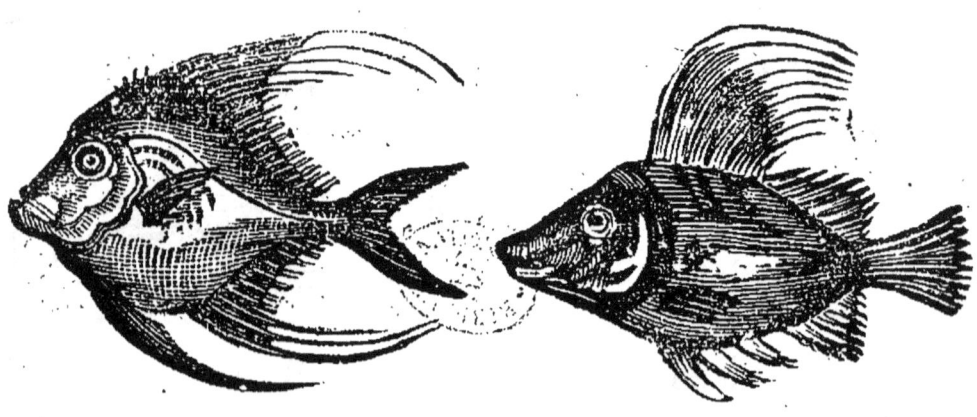

La mer, immense quantité d'eau qui occupe les deux tiers de la surface du globe, renferme une multitude de poissons.

Ces poissons varient de grosseur, de formes et

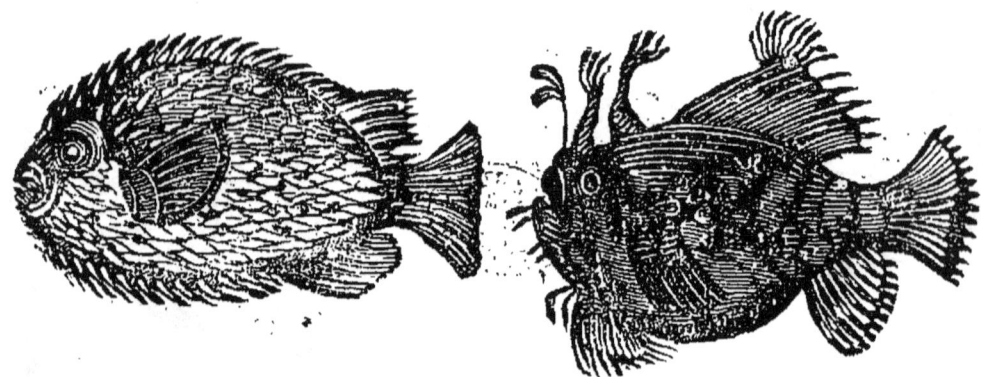

d'espèces. Il est vraiment curieux d'étudier la vie de ces différentes familles. Les uns servent de proie aux autres. La nature a donné des défenses à plusieurs genres de ces poissons.

CHIENS.

Le chien est un des animaux les plus utiles à l'homme; il lui sert de gardien et de surveillant, comme le chien de berger.

CYGNE.

Le Cygne est un oiseau aquatique, il fait l'ornement de nos parcs. Il fait l'admiration de tout le monde par la grâce qu'il déploie en nageant.

GIRAFE.   CASOAR.

La GIRAFE est un animal qu'on ne rencontre qu'en Afrique où elle vit en famille ; elle est très-paisible et se nourrit de feuilles d'arbres ainsi que de diverses sortes de graines.

Le CASOAR est un peu moins gros que l'autruche, sa nourriture ordinaire consiste en fruits, en herbes et en petits animaux. Le casoar a le vol lourd, mais il court très-vite.

Metz. — Imp. de Ch. Thomas.

GÉOGRAPHIE.

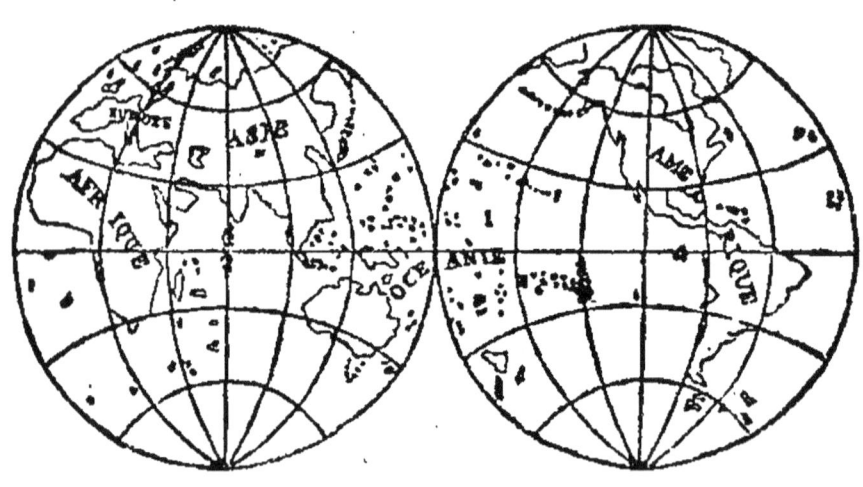

MAPPEMONDE,
OU FIGURE DU GLOBE TERRESTRE.

La surface du globe se compose de terre et d'eau; cette eau occupe à peu près les trois quarts de la terre. On distingue les différentes parties de la terre en continents, îles, presqu'îles ou péninsules, isthmes, caps, côtes, montagnes, plateaux, bassins, vallées, plaines, forêts et déserts. Il y a deux continents : le continent *oriental* et le continent *occidental* ou *nouveau continent*. Le continent *oriental* renferme l'*Europe* et l'*Asie* au nord et l'*Afrique* au sud-ouest; le *nouveau continent*, ainsi nommé, parce qu'il n'a été découvert qu'à la fin du XV° siècle, contient l'*Amérique*. Il est divisé en deux parties : *Amérique septentrionale* et *Amérique méridionale*, jointes l'une à l'autre par l'isthme de Panama.

GÉOGRAPHIE.

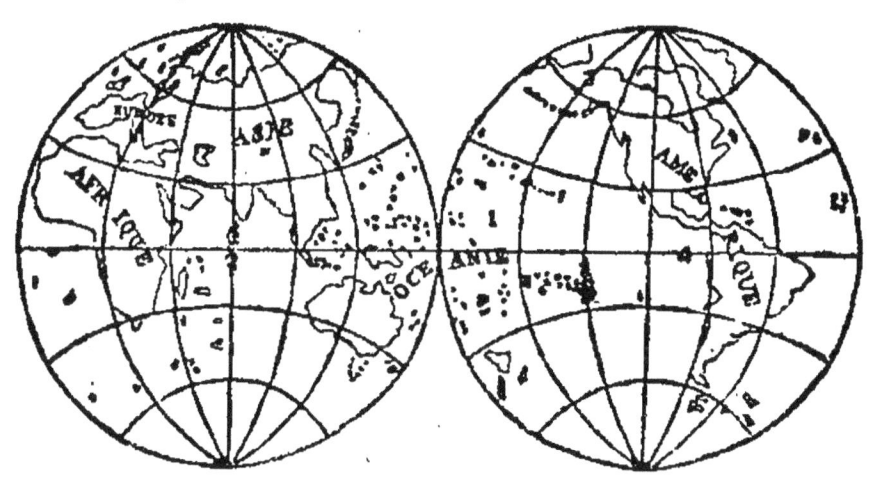

MAPPEMONDE,
OU FIGURE DU GLOBE TERRESTRE.

La surface du globe se compose de terre et d'eau; cette eau occupe à peu près les trois quarts de la terre. On distingue les différentes parties de la terre en continents, îles, presqu'îles ou péninsules, isthmes, caps, côtes, montagnes, plateaux, bassins, vallées, plaines, forêts et déserts. Il y a deux continents : le continent *oriental* et le continent *occidental* ou *nouveau continent*. Le continent *oriental* renferme l'*Europe* et l'*Asie* au nord et l'*Afrique* au sud-ouest; le *nouveau continent*, ainsi nommé, parce qu'il n'a été découvert qu'à la fin du XVe siècle, contient l'*Amérique*. Il est divisé en deux parties : *Amérique septentrionale* et *Amérique méridionale*, jointes l'une à l'autre par l'isthme de Panama.

www.ingramcontent.com/pod-product-compliance
Lightning Source LLC
Chambersburg PA
CBHW071434060426
42450CB00009BA/2174